¿Y SI
FUÉRAMOS UNOS
ANIMALES?

Concepto e ilustración por Paul Moran

Escrito por Lauren Taylor y Marianne Taylor
Editado por Lauren Taylor
Diseño de portada por Angie Allison
Diseñado por Barbara Ward

¿Y SI
FUÉRAMOS UNOS
ANIMALES?

¿Y si fuéramos unos animales?
Título original: *What if humans were like animals*
Primera edición: octubre de 2015
© 2013, Buster Books
Publicado por acuerdo con Buster Books, un sello de Michael O'Mara Books Limited
© 2015, de la presente edición en castellano para todo el mundo:
Penguin Random House Grupo Editorial, S.A. de C.V.
Blvd. Miguel de Cervantes Saavedra núm. 301,1er piso,
colonia Granada, delegación Miguel Hidalgo, C.P.11520,
México, D.F.
www.megustaleer.com
© 2015, Rosalba Michaca, por la traducción

ISBN: 978-607-31-3595-5

Impreso en México – *Printed in Mexico*

El papel utilizado para la impresión de este libro ha sido fabricado a partir de madera procedente
de bosques y plantaciones gestionadas con los más altos estándares ambientales, garantizando
una explotación de los recursos sostenible con el medio ambiente y beneficiosa para las personas.

Penguin
Random House
Grupo Editorial

CONTENIDO

¿Y si...

CONTENIDO

... los humanos fueran como los animales?

¿Tus padres se han quejado de que te comportas como un animal? Generalmente significa que eres desordenado o comes con la boca abierta, pero ¿y si los humanos realmente fuéramos como los animales?

¿Sabías que los topillos se comen a sus propias crías para asegurarse de que sólo sobrevivan los más sanos? Si los humanos hiciéramos esto, ¡habría que evitar molestar a papá! Aunque no todo es tan malo: hay muchas cosas increíbles que podrías hacer si fueras como algún animal. Voltea la página para averiguar más; pero antes de eso, observa los siguientes puntajes para diferenciar lo raro de lo temible, y lo útil de lo asqueroso.

 Ten cuidado con un puntaje de 5; da miedo hablar de estas criaturas horrendas.

 Para los cerebritos del mundo animal; un alto puntaje te dejará estupefacto.

 Un puntaje alto te hará desear esta fantástica característica, pero uno bajo hará que agradezcas ser humano.

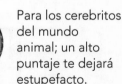 Si encuentras un puntaje de cinco quizá te sea difícil no vomitar el almuerzo.

... tuvieras ojos en las manos?

Si eres afortunado, tienes dos ojos, a los que probablemente tu mamá llama hermosos. Pero ¿y si tuvieras ocho ojos, como una araña; o hasta cien, como un callo de hacha? Quizá tu mamá te seguiría queriendo, pero los demás te verían raro.

Ojos a la mano

¿Y si tuvieras ojos al final de los brazos como una estrella de mar? Claro, sería muy asqueroso tener ojos en las manos, pero piensa qué fácil sería revisar las esquinas o leer las revistas de la gente en la parada del autobús; hasta podrías leer dos a la vez si quisieras.

Cien mirones

El callo de hacha es una criatura marina como el caracol. Algunos tienen cien ojos, que usan para detectar depredadores. Si tuvieras cien ojos podrías ver la tele, leer este libro, revisar tu correo, mirar por la ventana y verte la espalda, todo al mismo tiempo.

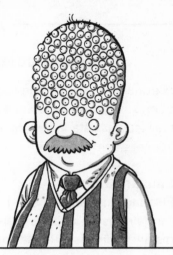

Un vistazo real
Más datos animales para abrirnos los ojos:

- El ojo de un avestruz pesa más que su cerebro.
- Los ojos de algunos calamares son más grandes que un plato de comida.
- Una mosca tiene dos ojos, pero cada uno contiene miles de lentes. Eso se vería un poco escalofriante…

... tus ojos pudieran chorrear sangre?

¿Podrían tus ojos ser tan asquerosos como para darle un buen susto a alguien? Sería un truco genial; aunque quizá tus víctimas estarían en desacuerdo. Ésta es una cualidad animal que quizá te sería útil...

Lanzar sangre

El lagarto cornudo puede hacer explotar los vasos sanguíneos en sus ojos y lanzar un chorro de sangre a una distancia de hasta un metro y medio. Imagina que vas pidiendo calaverita con tu disfraz más espeluznante, tu vecino abre la puerta, apuntas y, ¡blam!, lanzas el chorro. Sólo asegúrate de tomar los dulces primero, ya que la gente podría ser menos generosa cubierta en sangre.

MIEDO 5 PUNTOS

... tus ojos estuvieran en un lado de tu cabeza?

Los ojos siempre son muy útiles, sin importar dónde se sitúen en el cuerpo animal. Tus ojos están colocados cuidadosamente en tu cara para que puedas ver muchas cosas a tu alrededor.

Ojos de lado

Los peces planos tienen ambos ojos en un lado de la cabeza, así que pueden esconderse en el lecho marino y aun así ver. Bien por el pez plano, pero si tú sólo tuvieras ojos en un lado de la cabeza, sería muy fácil para un ladrón robar tu cartera.

Fenomenal y fenómeno

Los hipopótamos y los cocodrilos tienen ojos en la parte alta de la cabeza, así pueden ver por encima del agua mientras se esconden. Muy útil para jugar a las escondidas.

... tus orejas fueran más grandes que tu cabeza?

Tus orejas no sólo son para oír; tal vez pienses que también sirven para usar audífonos y sostener tus lentes oscuros. Pero ¿y si tuvieran más funciones interesantes? Las orejas gigantes pueden lucir ridículas, pero te mantendrían fresco bajo el calor del sol.

Refrescándose

El calor puede ser abrasador en África, donde viven varios tipos de elefantes. Una de las maneras en que éstos lidian con el calor es agitando sus grandes orejas para mantenerse frescos. Así que olvídate de un ventilador eléctrico, sólo mueve las orejas.

¿Pero qué pasa cuando te estorban las enormes orejas? No hay problema, sólo dóblalas, como el murciélago orejudo, cuando no las uses.

ÚTIL 3 PUNTOS

Fenomenal y fenómeno

Las focas pueden cerrar las orejas para mantener el agua fuera al nadar. Así que tira los tapones para los oídos cuando bucees en busca de bocadillos de pescado.

¿Captaste eso?

¿Te gustaría saber cuando la gente habla de ti? Todo lo que necesitas son orejas dos veces más largas que tu cabeza, como una liebre, y podrías escuchar cada palabra. Las orejas muy grandes pueden ser un poco *oidosas*, pero es un precio pequeño a cambio de un oído supersónico.

... tuvieras la boca en el estómago?

¿Qué tal si no tuvieras la boca en la cara? ¿Y si fuera tan grande que cupiera toda tu comida favorita a la vez?

Festín para una estrella de mar

Si tu boca fuera como la de una estrella de mar, estaría justo en el centro de tu cuerpo: en tu estómago. Podrías darte un festín a medianoche, mientras dormitas. He aquí cómo:

1. Recárgate sobre una pila de almohadas para que quedes sentado y erguido.

2. Para asegurarte de que la boca en tu estómago tenga fácil acceso a tus bocadillos favoritos, colócalos cerca.

3. Ahora duerme y deja que tu estómago muerda. Puede que quieras usar tapones para los oídos si haces mucho ruido al comer.

ASCO
3
PUNTOS

Abre grande

La boca abierta del tiburón peregrino es suficientemente grande para que quepan dos niños dentro. Puede que no te apetezca engullir dos niños, pero ¿qué tal todo un pastel de cumpleaños?

Sólo asegúrate de apagar las velas primero…

Olvídate de la mochila

La boca de un pez pelícano es tres veces más ancha que su cuerpo. Si tuvieras una boca así de grande, podrías cargar ahí todos tus útiles escolares sin molestarte en usar una mochila.

... nunca tuvieras que cepillarte los dientes?

Desde nunca más tener que morder la comida, a nunca tener que cepillarte los dientes, las dentaduras realmente extrañas son útiles por todo tipo de razones.

Hermosos y aperlados

Aquí tienes excelentes razones para tener dientes como los de los tiburones:

- Si pierdes dientes, no te preocupes, ¡serán reemplazados por un juego nuevo completo! Podrías comer todos los dulces y refrescos que quisieras, sin tener que cepillarte los dientes nunca.

- Ningún dentista querrá acercarse a ti, pues tus dientes de perla estarían superafilados.

- Cuando quieras asustar a alguien, sólo bríndale tu sonrisa más amplia.

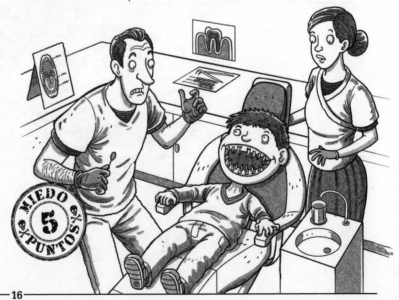

De dientes para afuera

Los dientes de la babirusa crecen hacia arriba en vez de hacia abajo, saliendo directo de su cara. Si tus dientes crecieran así, tendrías una sonrisa realmente espectacular.

¡Digan "whisky"!

Los tigres dientes de sable, hoy extintos, tenían colmillos enormes que llegaban mucho más debajo de sus barbillas. ¿Te hubieran gustado unos así para la foto de la escuela?

... pudieras saborear con los pies?

¿Amas la comida? Si la respuesta es sí, piensa qué increíble sería saborear u oler con otras partes de tu cuerpo, o hasta con tu cuerpo entero.

¡Qué proeza!

¿Y si pudieras saborear con tus pies como una mariposa? Podrías mascar chicle y probar un pastel al mismo tiempo. El único problema es, ¿de verdad quieres comida que ya pisoteaste? Si le sirves pastel a tus amigos, sólo asegúrate de no decirles que tus pies apestosos lo tocaron primero.

ASCO
3
PUNTOS

Baño de sabor

El pez gato puede oler y saborear con todo su cuerpo. Sólo imagina: podrías sumergirte en un vaso gigante de limonada en un día caluroso. O, si te enloquece el chocolate, podrías bañarte en salsa de chocolate cada mañana. ¡Delicioso!

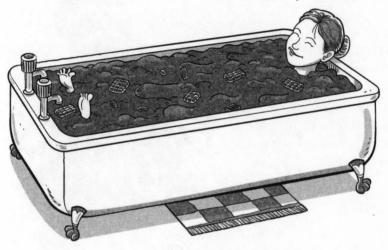

Huélelo con flores

Una serpiente huele el aire con su lengua; la punta bifurcada ayuda a descifrar de dónde viene un olor. Si tu mamá oliera de ese modo, ondearía su lengua cuando le regalaras flores el Día de las Madres.

... tuvieras pelo a lo loco?

La mayoría de la gente tiene cabello en la cabeza, y otras personas tienen pelo muy largo, pero ¿y si estuvieras cubierto de pelo largo de pies a cabeza?

Arrastras rastas

El komodor es una raza de perro que tiene rastas hasta el suelo. Con cabello como ése, seguro serías el alma de la fiesta.

¡Fondo!

El pelo es muy útil: incluso puede mantenerte caliente en el frío, lo cual sería genial si no usaras ropa, como un animal. Desafortunadamente, el mandril no tuvo suerte. Éste es un tipo de mono grande, peludo y con un trasero colorido, pero muy desnudo. Estar cubierto de pelo debe de ser muy cálido, pero tendrías un trasero muy helado.

Montañas de pelo

Si tienes suerte, podrías despertar un día con pelo como de buey almizclero, el animal más peludo de todos. Con pelo de 60 centímetros de largo por todo el cuerpo, podrías presumir varios peinados a la vez: colitas, trenzas, caireles, rizos y un mohicano picudo. La desventaja es que sería muy molesto lavarse y cepillarse el pelo diariamente, e imagina cómo se taparía la coladera del baño con todo el pelo. ¡Asqueroso!

Fenomenal y fenómeno
Estos datos te pondrán los pelos de punta:

- Existe una raza de perros de nombre terrier americano sin pelo, y una raza de gatos llamada esfinge que no tiene un solo pelo.

- Las nutrias marinas tienen unos asombrosos 100 000 pelos por centímetro cuadrado de piel.

- Los osos polares en realidad tienen pelaje sin color, pero éste refleja la luz para que parezca blanco.

... tu piel pudiera cambiar de color?

Hay gente que pinta su cabello de todo tipo de tonos llamativos, pero estás básicamente limitado con el color de tu piel. ¿Y si no fuera así?

A las escondidas

Algunos pulpos pueden cambiar el color y patrón de su piel para igualar lo que hay a su alrededor. Si tuvieras el poder de cambiar tu color de piel, podrías esconderte detrás de paredes o libreros y convertirte en un espía ultrasecreto muy exitoso. Y ¿por qué detenerse allí? Podrías entrar al cine gratis si te escondes entre los carteles.

Filoso como tiburón

La piel de un tiburón está cubierta de "dentículos cutáneos"; éstos son picos duros hechos de la misma materia que los dientes. Si tuvieras dientes por todo el cuerpo, podrías rasurar a tu perro con sólo pasar junto a él.

Piel contra agua

Los lagartos de longuera tienen una gran cresta de piel colorida alrededor del cuello, cinco veces más ancha que sus caras. Las crestas parecen paraguas al revés, lo cual no sería muy útil en un día lluvioso.

... tuvieras dos cabezas?

Dicen que dos cabezas piensan mejor que una. No es sólo un dicho ingenioso, es casi verdadero para algunos animales sorprendentes.

Soñador

La serpiente marina rayada tiene una cola que se ve exactamente igual que su cabeza, para engañar a los depredadores. Si tuvieras una cabeza engañosa, podrías dormitar con tu cabeza verdadera y mantener la otra con aspecto fresco y alerta en clase; nadie notaría la diferencia.

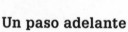

Un paso adelante

¿Y si tus padres parecieran tener dos pares de ojos? Algunos pájaros tienen patrones en forma de ojos en la parte trasera de sus cabezas, por lo que parece que te observan cuando no es así. Tus terribles actos llegarían a su fin si no pudieras estar seguro de si te observan o no.

Eso es tener colmillo

¿Te gustaría tener un largo colmillo en forma de cuerno en la cara como la ballena narval macho? Podrías poner malvaviscos en la punta para asarlos en una fogata. ¡Ardiente!

Checa tu cabeza

Observa tu cabeza en el espejo y ve cuántas de estas fantásticas características tienes. Si no posees ninguna, lo más probable es que seas solamente un humano.

☐ Una antena con una luz colgando en la punta para atraer a las presas, como el pez rape.

☐ Partículas magnéticas en la cabeza para ayudarte a navegar, como las palomas.

☐ ¡Sin cabeza! Un pollo llamado Mike, de Colorado, E.U., vivió sin cabeza durante 18 meses.

☐ Una frente abultada como la del delfín, para conducir ondas sonoras, permitiéndote escuchar bajo el agua.

... pudieras romper costillas con un abrazo?

Los brazos son muy útiles, con ellos puedes alcanzar un bocadillo o abrazar a tu hermanito (si tienes ganas), pero ¿qué tal si tus brazos tuvieran una superfuerza, o tuvieras más de dos?

Apapachos aplastantes

Los brazos de un chimpancé macho son cinco veces más fuertes que los de un hombre, y un gorila macho de montaña de tamaño grande abre los brazos hasta dos metros y medio. Si tu mamá tuviera los brazos tan fuertes como un chimpancé y pudiera abrirlos tanto como un gorila, no sólo podría darles un enorme abrazo a ti y a tus hermanos, probablemente también les daría una buena aplastada si fuera muy efusiva.

ÚTIL 1 PUNTO

Volando bajo el agua

Nadar puede ser un trabajo arduo. Si tuvieras aletas como pingüino, podrías deslizarte por el agua como pájaro en el aire. Atraparías un rico pez para la cena en un respiro.

Multibrazos

Si dos brazos no fueran suficientes para hacer todo lo que quisieras, ¿qué tal si tuvieras ocho brazos como un pulpo? Mejor todavía: tus brazos estarían cubiertos de ventosas para agarrarte de las cosas. Podrías jugar en la computadora, peinarte, levantar pesas y cepillarte los dientes al mismo tiempo.

ÚTIL
5
PUNTOS

... te salieran más piernas con los años?

Puedes pensar que con dos piernas te va bien en la vida, pero ¿y si tuvieras cuatro, o seis, o incluso cientos? ¿Qué tal si tuvieras las piernas más largas que cualquier otra persona que conoces?

Mucha pierna

Los milpiés y ciempiés son conocidos por tener muchas patas. ¿Sabías que les salen más con los años? Si te saliera un nuevo par de piernas en cada cumpleaños, te darían muchos zapatos como regalo. Y sí que los necesitarías, sobre todo si fueras un tipo raro de milpiés californiano que tiene 750 patas.

ÚTIL
4
PUNTOS

Piernas de poste

Las cigüeñuelas son aves cuyas patas son una y media veces más largas que el resto de sus cuerpos. Si tuvieras piernas así de increíblemente largas, serías la primera opción para el equipo de basquetbol: el único jugador que podría clavar la pelota sin saltar. Desgraciadamente, fuera de la cancha, podrías pasar mucho tiempo hablándole a las cabezas de la gente.

... pudieras colgarte del techo?

Mucha gente piensa que los pies humanos son olorosos y desagradables, pero si los pies tuvieran algunas de estas características tan útiles, la gente aprendería a amarlos.

No te cuelgues

Si tuvieras pies con ventosas, como el murciélago, podrías colgarte del techo sin caerte, gracias a las ventosas de succión. Podrías ser generoso y ayudar a tu papá a pintar el techo; o, si te sientes malvado, simplemente podrías lanzarle globos de agua a tu familia sin que sospechen de ti.

Potente par

Cuando los perros sudan, casi todo el sudor sale por los pies. Los pies ya de por sí son muy olorosos, ¿cómo alejarías la peste si sudaras de la misma manera?

ASCO
4
PUNTOS

Muertos de hambre

Algunos pies no sólo se usan para caminar. Los cangrejos cacerola usan sus patas espinosas como dientes, para "masticar" su comida. Imagina tener que masticar todo con los pies antes de ponértelo en la boca. Tus padres no estarían muy felices si tuvieras que subir los pies a la mesa. Quizá también harían que te pasaras el hilo dental entre los dedos. ¡Guácala!

... tuvieras una cola matamoscas?

Muchos animales tienen cola. Es un poco injusto que los humanos no, ya que serían útiles cuando quisieras hacer algo que no logran los brazos ni las piernas.

¿Por qué querrías una cola?

Desde columpiarte en los árboles hasta matar moscas, hay muchas razones por las que una cola sería útil.

- Si fueras lagartija, tu cola se rompería si la agarrara un depredador, dejándote libre para escapar.

- Los días de campo en verano pueden estar llenos de zumbidos de moscas. Si tuvieras una cola tipo matamoscas, como las vacas, un coletazo rápido les enseñaría quién manda.

UTIL
4
PUNTOS

- Si tuvieras cola como la mayoría de los monos, te sentirías más en casa al columpiarte sin preocupaciones entre las copas de los árboles. También tendrías dónde esconderte cuando tu mamá empezara a molestarte para que hagas la tarea.

- Si fueras una ardilla, no necesitarías cobertor para mantener el calor al dormir; sólo tendrías que envolverte en tu cola, cálida y esponjosa.

- Los dragones de Komodo noquean a las presas con sus poderosas colas. Puede que no tengas que cazar tu propia comida, pero podrías usar una cola así para arrebatarle a alguien ese bocadillo al que le habías echado el ojo.

... tuvieras hojas como un árbol?

¿Alguna vez has deseado que una parte de tu cuerpo sea rara para sobresalir del resto? ¿Tener una cabeza transparente te convertiría en la envidia de todos tus amigos, o tan sólo te llamarían cabeza hueca?

Plántate como el árbol

El dragón de mar es un pez extraño al que parece que le salen hojas del cuerpo. Cuando flota en el mar asemeja sólo un pedazo de alga. Este *look* te funcionaría perfectamente a ti también. Si tuvieras estos lindos y frondosos adornos, podrías pasarte todo el día en el parque; nadie sospecharía que ese árbol raro se fue de pinta.

¡Cabeza hueca!

Existe un pez abisal, llamado Macropinna microstoma, cuya cabeza es transparente. Genial, ¿no crees? A menos que tus amigos empezaran a conversar mirando a través de ti, ¡qué grosería!

ASCO 4 PUNTOS

¡Tentaculoso!

Si tuvieras los urticantes tentáculos de 35 metros de largo de la medusa melena de león, podrías:

- Torturar a tu hermana haciéndole cosquillas hasta enloquecer.

- Convertirte en el estilista más veloz del mundo.

- Atarte ambas agujetas al mismo tiempo.

- Meter tus pegajosos tentáculos en un frasco de dulces y chuparlos todos. ¡Mmh! ¡Delicioso!

... tuvieras garras salientes?

¿Alguna vez has deseado tener un arma integrada para asustar a tus padres? ¿Qué tal si tuvieras garras en las manos, o una sierra en la nariz? Te librarías del quehacer de la casa en un respiro.

Hermosa arma

La rana peluda no sólo tiene mucho pelo, lo que ya es raro para una rana, bajo la piel también tiene garras filosas que salen de sus "dedos" cuando está de muy mal humor. Con un arma instantánea como ésta, estarías en camino de convertirte en superhéroe, y tu mamá jamás te haría limpiar tu cuarto de nuevo.

¡En guardia!

Un escarabajo rinoceronte tiene un cuerno grande y puntiagudo que usa para pelear con otros de su especie. Las disputas sobre quién pasa al baño primero podrían ponerse feas…

Rebana y corta

El pez sierra debe su nombre a la nariz larga y plana con pequeños picos en los bordes. Si tuvieras esta útil herramienta en la cara, no necesariamente tendrías que usarla para pelear; podrías ser de gran ayuda para tus padres, rebanando y cortando las verduras para la cena. Sólo fíjate hacia dónde apuntas.

ÚTIL
3
PUNTOS

... tuvieras una patada letal?

Sería maravilloso tener las habilidades de un superhéroe
para luchar contra el crimen y derrotar a los maleantes. ¿Cuál
de estos poderes animales te gustaría tener?

Patada asesina

Si pudieras patear como un caballo, podrías golpear al
atacante con la fuerza de una bola de boliche viajando a 130
kilómetros por hora. Una sola patada mandaría a volar tan
lejos al malhechor que nunca
te molestaría de nuevo.

El pico vengador

Si tuvieras el afilado pico
de una garza, podrías
arponear a los ladrones
de un rápido golpe.

MIEDO
4
PUNTOS

Hombre pitón

Una serpiente pitón grande puede inutilizar a su presa aplastándola al enroscarse. Si tuvieras esta fuerza apachurradora, podrías atrapar a los villanos en tu espiral.

Más maravillosos superpoderes

La diversión no termina aquí. Checa estos talentos horripilantes.

- **El Espolón Vengador**
  Los ornitorrincos macho tienen espolones llenos de veneno (afilados, salientes como cuernos) en sus patas traseras.

- **El Asesino Picudo**
  Los puercoespines pueden correr hacia atrás para ensartar a los depredadores en sus púas de 35 centímetros.

- **Capitán Veneno**
  Una mordida de la serpiente taipán australiana del interior contiene veneno suficiente para matar a más de 100 personas.

- **Niño Bala**
  Una picadura de hormiga toro es tan dolorosa como el disparo de una bala de verdad.

... tuvieras habilidades de autodefensa superolorosas?

Las habilidades de supervivencia pueden ser violentas, ingeniosas, veloces... u olorosas. Pero, sin importar cuán repulsivas sean, si tus habilidades de defensa son efectivas, ningún atacante querrá volver a acercarse a ti.

Mofa de mofeta

Los zorrillos ahuyentan a los depredadores al rociarlos con un líquido de olor horrible que viene de una glándula en sus traseros; asqueroso, pero totalmente efectivo.

Si alguna vez tuvieras que usar esta desagradable táctica, podrías escapar, con la seguridad de que tu atacante olería horrible durante varios días.

Vigilancia vomitiva

Si los depredadores se acercan mucho al nido de un tipo de ave marina, llamada fulmar, ésta vomita una viscosidad con pescado sobre ellos. Esto sería una táctica excelente para que los humanos vigilaran la colonia. Simplemente tendrías que esconderte en un árbol y vomitar sobre los ladrones para desalentarlos.

ASCO
4
PUNTOS

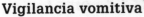

¡Buuum!

Las termitas asiáticas explotan para evitar que los insectos depredadores entren a sus túneles, bloqueando el paso con la viscosidad de sus entrañas. Esto no es recomendable para los humanos; podrías salvar tu casa, pero estarías un poquito muerto.

... lucieras como una piña de pino?

Algunos animales tienen habilidades maravillosas para ocultarse y protegerse de los depredadores. ¿Qué tal si pudieras disfrazarte para que no te vieran?

Camuflaje y al ataque

El pangolín es un oso hormiguero africano cubierto con grandes escamas que lo hacen parecer una piña. Puede que no te guste la idea de tener piel áspera y escamosa, pero podrías esconderte muy feliz, anidado en un bosque frondoso. También tendrías una armadura increíble en caso de que necesitaras saltar sobre el enemigo y tomarlo por sorpresa. Lo que es más, los pangolines también despiden un ácido de olor horrible de sus traseros. ¡Puntos extra!

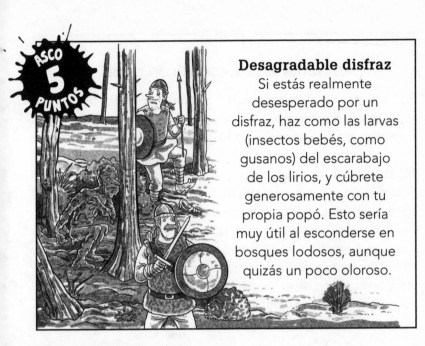

Desagradable disfraz

Si estás realmente desesperado por un disfraz, haz como las larvas (insectos bebés, como gusanos) del escarabajo de los lirios, y cúbrete generosamente con tu propia popó. Esto sería muy útil al esconderse en bosques lodosos, aunque quizás un poco oloroso.

¡Aunque duela!

La idea del camuflaje es, por supuesto, que puedas esconderte de las cosas que no quieres que te encuentren. Extrañamente, los peces infectados con duelas (un tipo de parásito) a veces enloquecen un poco y empiezan a lucirse delante de un depredador en vez de esconderse de éste. Si tuvieras un caso severo de duelas, de repente podrías decidir que hacer vueltas de carro frente a un león es una excelente idea.

... vivieras en un monte de popó?

Por fortuna, tienes ropa y techo, que normalmente te brindan tus padres, pero, en la vida salvaje, los animales tienen que arreglárselas para hacer sus propias viviendas.

Hazlo tú mismo

Si fueras una termita te sería fácil construir tu propia casa; todo lo que necesitarías sería un poco de madera masticada, un poco de lodo y una generosa cantidad de popó. Así es como las termitas construyen sus montículos, que pueden medir 300 impresionantes metros de alto. Para un humano, ése es el equivalente de construir una casa de 3 000 metros de altura; eso es tan alto como una montaña.

ASCO
5
PUNTOS

Hogar dulce hogar

Las casas en árboles pueden ser divertidas para jugar, pero ¿se te antojaría vivir en un árbol todo el tiempo? Los sociables pájaros tejedores (parecidos a los gorriones) hacen enormes nidos comunales que parecen pajares, y abarcan árboles completos. Vivir en la copa de un árbol puede sonar ideal, pero es probable que te empapes cuando llueva.

INGENIO 5 PUNTOS

Tendencias boscosas

El sastrecillo común construye su nido al coser dos hojas; usa fibras de plantas como hilos y su pico como aguja. Si tuvieras estas habilidades de costura, podrías fabricar tu propia ropa.

... fabricaras baba pegajosa?

Algunos animales tienen la capacidad de fabricar cosas increíbles. Claro que esas habilidades les son muy útiles a los animales, pero ¿qué tanto lo serían para los humanos?

¡Pega de locura!

Los mejillones fabrican una sustancia como el pegamento, que les ayuda a agarrarse de las cosas, como el fondo de los barcos y las rocas. Tan sólo una embarrada de esta cosa superpegajosa es suficiente para mantenerlos pegados por unos 50 años. Sólo imagina, si un humano pudiera producir esta sustancia pegajosa y adherirse accidentalmente al techo, podría quedarse ahí atorado hasta hacerse viejo y arrugado.

Vestidos de seda

Mucha gente considera la seda como una tela muy elegante, pero ¿sabías que viene de unas glándulas que la oruga tiene en su boca? Podría ser un poco vergonzoso si de repente empezaras a escupir hebras de hilo, pero considera otras posibilidades; podrías:

- Ofrecer tus servicios como costurera; incluso podrías andar gratis a la moda.

- Hilar como una araña para atrapar moscas fastidiosas en tu casa.

- Columpiarte del techo como superhéroe, usando cuerdas de seda.

... pudieras levantar un camión?

Hay animales que pueden levantar mucho más de lo que pesan. El escarabajo rinoceronte, por ejemplo, puede levantar su peso 850 impresionantes veces.

Peso pesado

Si pudieras levantar tanto peso como el escarabajo rinoceronte, en relación con tu peso corporal, sería como levantar 65 000 kilos; eso no es un solo camión, sino varios. Lo más que un hombre ha levantado son 263 miserables kilos. Aquí hay otras cosas increíblemente pesadas que podrías levantar:

- una ballena azul bebé
- 30 000 ladrillos
- 10 Tiranosaurios Rex
- unos 200 000 rollos de papel
- un avión de combate
- un autobús de dos pisos
- un millón de barras de chocolate
- 2 500 perros french poodle

En forma de volada

¿Tienes que llevar muchos libros pesados a la escuela?
Esto no sería problema si fueras un águila. Sólo tendrías
que volar, te librarías de los embotellamientos y también
tendrías la fuerza para cargar con tus pies una mochila que
pesara la mitad que tú.

Masca más

La mandíbula de la hiena
manchada tiene la fuerza
suficiente para masticar
una sartén. Si tuvieras esta
mandíbula megafuerte y te
diera hambre después de
la cena, podrías darle unas
mordidas a la sartén donde se
cocinó; una menos que lavar…

Por supuesto, las hienas no
comen sartenes; en vez de
ello, usan sus quijadas para
triturar huesos de animales.

... fueras tan veloz como una chita?

¿Te gustaría recorrer el país corriendo en un par de días, o rebasar a una lancha de motor? La supervelocidad de algunos animales es suficiente para dejarte sin aliento.

Ágiles atletas

Una chita puede correr 100 espectaculares kilómetros por hora. Si pudieras mantener esa asombrosa velocidad, podrías recorrer Estados Unidos en menos de dos días. No podrías desacelerar ni descansar, así que necesitarías llevar contigo mucha agua.

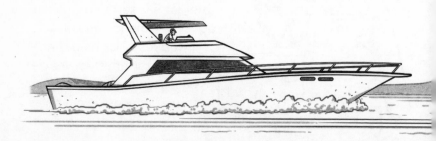

Excelente ebanista

Los pájaros carpinteros pueden picotear un árbol unas 22 veces por segundo. Si tuvieras la fortuna de tener pico y de ser tan hábil para el picoteo, tus habilidades te convertirían en la envidia de todos en la clase de carpintería.

Peces presurosos

El pez más rápido entre nosotros es el pez vela, que puede surcar las aguas a una velocidad de 110 kilómetros por hora. Como su nombre lo sugiere, este pez tan rápido tiene una larga aleta sobre la espalda que sobresale como una vela. Si tuvieras las habilidades de nado de un pez vela, podrías rebasar con facilidad a una lancha de motor promedio.

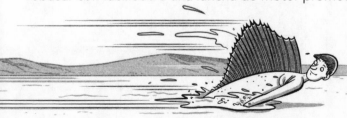

... pudieras saltar sobre un rascacielos?

Quizás hayas practicado salto de altura en la escuela, o a lo mejor has visto a los atletas olímpicos hacerlo, pero eso no es nada comparado con las alturas que algunos animales pueden alcanzar.

Ponte al brinco

Existe un pequeño insecto llamado cigarra espumadora que puede saltar 70 centímetros hacia arriba. Puede que no parezca muy alto, pero el equivalente para una persona sería saltar por encima de un rascacielos. Llegar al trabajo cada mañana sería fácil, y mucho más divertido que manejar un coche.

ÚTIL
4
PUNTOS

Apunta alto

El gato serval puede saltar tres metros en el aire para atrapar a los pájaros que pasan. Eso es el equivalente a un salto humano de casi cinco metros. Si tuvieras la habilidad de salto de un serval, seguro ganarías una medalla de oro. No tendrías que atrapar ningún pájaro en tu salto, a menos que lo desearas en verdad.

Salto de fe

Un día después de salir del cascarón, los patitos joyuyos deben saltar del árbol donde está su nido antes de poder volar. Si tienen suerte, aterrizarán con suavidad y sin lastimarse.

... pudieras escalar ventanas?

A menos que seas un escalador temerario, quizá pases la mayor parte del tiempo caminando sobre el suelo. Sin embargo, para algunas criaturas trepadoras, eso es algo del pasado.

¡Pies en polvorosa!

Las moscas tienen pequeños pelillos en sus patas, lo que les da un excelente agarre. Incluso pueden caminar sobre las ventanas al asirse del vidrio. Si alguna vez tienes esta superhabilidad, he aquí lo que debes y lo que no debes hacer:

SÍ

- Asegúrate de que tus vecinos estén fuera antes de trepar por sus ventanas.

- Usa un casco si planeas subir muy alto.

- Ten cuidado con los aviones que vuelan bajo.

NO

- Uses zapatos o los pelos en tus pies no servirán.

- ¡Saltes! La gravedad no funciona así; sólo irías hacia abajo.

- Te sorprendas si tus papás te bajan de la nube, ¡literalmente!

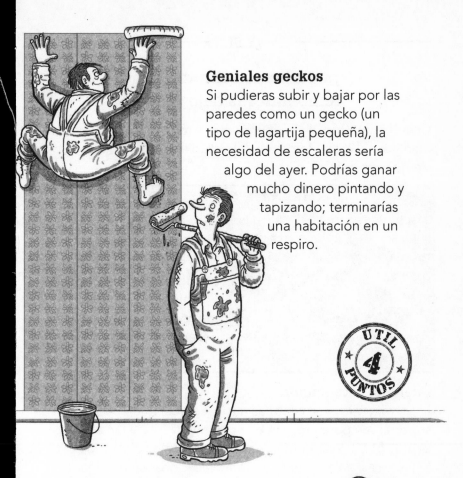

Geniales geckos

Si pudieras subir y bajar por las paredes como un gecko (un tipo de lagartija pequeña), la necesidad de escaleras sería algo del ayer. Podrías ganar mucho dinero pintando y tapizando; terminarías una habitación en un respiro.

ÚTIL
4
PUNTOS

Escamas sin escalas

Muchas serpientes son hábiles trepadoras; se agarran a las superficies con las escamas levantadas en sus panzas. Si tuvieras estas escamas para trepar, podrías ir a escalar sin las cuerdas de protección, ¡muy intrépido!

... pudieras sobrevivir a temperaturas bajo cero?

Cuando hace frío afuera, tienes que arroparte para mantener el calor. Pero ¿qué tal si pudieras sobrevivir sin que importara el clima?

Escultura en hielo

Las orugas oso lanudo, en el Ártico, pasan 10 meses del año en congelamiento sólido. Si hicieras esto, ¡sólo tendrías dos meses en el año para hacer toda la tarea!

Fuera de este mundo

Los tardígrados son criaturas microscópicas que pueden soportar temperaturas tan bajas como -273 °C, y tan altas como 151 °C. Incluso pueden vivir en el espacio exterior. Si fueras así de resistente, podrías vacacionar en un lugar literalmente fuera de este mundo. Todo lo que necesitarías sería un *aventón* en un cohete espacial.

¡Gracias, papá!

¿Qué te parecería estar parado a la intemperie a -40 °C durante 64 días? Quizá no saltarías como voluntario, pero el pingüino emperador macho hace lo mismo cada año mientras cuida un huevo entre sus patas, al tiempo que sus parejas van en busca de comida. ¿Te gustaría que tu papá te empollara entre sus piernas durante dos meses en el invierno helado?

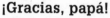

¿Así que quieres vivir como pingüino?

Otras cosas raras que tendrías que hacer si fueras un pingüino en la gélida Antártida:

- Amontonarte con tu enorme grupo de amigos pingüinos (unos cientos de miles) en busca de calor.

- Tener cuidado de no caer de la placa incubatriz de tu papá; morirías congelado en cuestión de minutos.

- Bucear en busca de comida hasta profundidades de 550 metros en las heladas aguas antárticas.

- Comer comida regurgitada por tus padres. ¡Delicioso!

... pudieras volar tan alto como un avión?

Si lo primero en tu lista de pendientes es romper un récord mundial, mira algunos de estos extraños récords animales, quizá te inspiren un poco.

El mejor volador

La capacidad de volar está probablemente en el primer lugar de la lista de deseos de la gente, pero con ella llegan riesgos. El ave que ha registrado el vuelo más alto es un buitre. Golpeó un avión que volaba a 11 277 metros de altura. ¡Auch!

Larga vida

Las ballenas de Groenlandia pueden vivir cerca de 200 años, lo que las convierte en los mamíferos más longevos del planeta. Si pudieras llegar a esta edad, tu pastel de cumpleaños tendría que ser enorme para que cupieran todas las velitas. ¿Tendrías aire suficiente para apagarlas todas?

Lengua larga

La lengua del camaleón puede medir el doble de su cuerpo; puede salir de su boca con una velocidad de 0.7 segundos, para robar a su presa. Fácilmente podrías atrapar esa última rebanada de pastel sin que nadie lo notara.

ÚTIL **3** PUNTOS

... no pudieras hablar?

Si no te comunicaras hablando, puede que te preguntes cómo rayos te darías a entender. Resulta que los animales tienen algunas de las formas de hablar más extrañas que puedas imaginar.

¿Podría repetir eso?

Si no tuvieras voz, quizá te gustaría intentar comunicarte como los saltamontes: éstos friccionan sus patas contra el abdomen para crear los cantos con los que se "hablan" uno a otro. El único problema sería que nadie entendería lo que estás diciendo; nadie más que los saltamontes, claro.

ÚTIL
1
PUNTO

Reverencia

¿Qué tal si vieras a los niños pequeños inclinarse educadamente uno frente al otro en la cancha? Eso es lo que hacen los perros cuando quieren jugar: se inclinan en reverencia uno hacia otro. ¡Qué educados!

Sigue el rastro

Las termitas dejan un rastro con aroma para decirse unas a otras dónde encontrar comida. Si pudieras hacer esto, seguramente serías muy popular con todos tus amigos. Pero tendrías que asegurarte de llegar primero, antes de que los demás se comieran lo mejor.

... la vida fuera un musical?

Si los humanos se comunicaran como los animales, la vida diaria se volvería emocionante y extraña. Es seguro que nunca te aburrirías.

¡Enormes momentos!

Las ballenas se comunican con canciones, aunque sus chasquidos, chillidos y sus largos gemidos tal vez no suenen muy musicales para nosotros. Si todos los maestros dieran clase cantando, la escuela sería mucho más alegre, ¿no crees? En cuanto a los estándares de canto para ballenas, ni siquiera importaría que cantaras muy bien.

Espectáculo de luces

El calamar luciérnaga puede iluminar partes de su cuerpo para impresionar a los demás de su especie. Si tus amigos y tú pudieran hacer esto, podrían comunicarse secretamente en la oscuridad en clave Morse.

¿Que qué...?

Los animales se comunican de maneras muy distintas. Probablemente haya tantas formas de "hablar" como animales hay en el planeta.

- El guabairo es un pájaro que puede volar de noche. Hace señales en la oscuridad al lanzar destellos con las plumas blancas de sus alas. Puedes confundir a un guabairo ondeando un pañuelo blanco en el aire.

- Las aves que migran de noche pían constantemente para que ninguna se separe del grupo.

- El mono aullador se comunica con gritos que congelan la sangre. Apuesto a que tus maestros están contentos de que éste no sea el modo de conversar entre tus amigos.

- Los perros de la pradera (un tipo de roedor) chillan para avisarse si hay peligro. Los tonos de los chillidos permiten que los demás sepan exactamente qué tan peligrosa es la situación.

... te enamoraras con flatulencias?

La mayoría de la gente considera que tirarse pedos es algo grosero, apestoso, y que debería evitarse en público a cualquier precio; pero algunos animales no se avergüenzan de sus tremendos gases.

Flatulencias fabulosas

Pedos: algo maravilloso si eres un escarabajo de pino sureño. El olor de las flatulencias del escarabajo hembra es sumamente atractivo para el macho. Así que, chicas, olvídense del perfume de la temporada, o de ese costoso baño de burbujas, todo lo que necesitan es lo que la naturaleza les dio: una alta dosis de gases digestivos.

ASCO
3
PUNTOS

Se habla flato

Algunos pueden usar pedos para comunicarse. Si los humanos hicieran lo mismo, ¿cambiarías las clases de inglés o francés por unas para dominar el fino arte de pedorrearse?

INGENIO 3 PUNTOS

¡Eliminados!

El sistema digestivo de los perros no puede digerir muy bien los frijoles. Si tuvieras los intestinos de un perro y comieras un plato de frijoles, expulsarías una gran cantidad de gases; quizá la suficiente para destruir un elevador lleno de gente.

... caminaras al revés?

Enfermarse no es divertido, pero hay algunas enfermedades horribles que afectan a los animales de maneras extrañas y fascinantes.

Patas arriba

Una vejiga natatoria es un órgano que ayuda a los peces a mantenerse a flote en el agua. Un pez con una vejiga natatoria enferma usualmente nadará al revés. Si una persona pudiera contagiarse de este mal, caminaría con las manos. Lo bueno es que, si alguna vez quisieras unirte al circo, no tendrías problemas para encontrar trabajo.

¡Quieto!

Algunas enfermedades pueden sonar geniales y bastante inofensivas, pero hay otras que querrás evitar como a la plaga. Tristemente, cuando una larva de abeja contrae el mal fúngico llamado enfermedad pétrea, pasa de suave y blanda a dura como una piedra, casi como si hubiera sido momificada. Si estuvieras en peligro de volverte de piedra, no sólo sería aterrador, también sería realmente vergonzoso. ¿Qué tal si te sorprendieran hurgándote la nariz, oliéndote las axilas, o algo igual de penoso?

... tuvieras un parásito por lengua?

Cuando estás de latoso, tu hermanito o hermana podrían llamarte "parásito", que es una criatura que usa a otro ser vivo como comida y protección durante toda su vida.

¡Qué cochinillas son!

El pargo manchado rosa es un pez que puede ser atacado por un parásito parecido a la cochinilla que destruye su lengua. Con el tiempo, el pez usa al parásito para sustituir su lengua. Sería muy desagradable si te pasara esto; además, no podrías saborear tu comida.

Vampiros tropicales

El ruiseñor de las Islas Galápagos hace hoyos en la piel del león marino para beber su sangre. ¡Olvídate de ir a la playa a relajarte bajo el sol!

Parásitos pegajosos

Aunque no lo creas, algunos parásitos fastidiosos roban los nutrientes que los animales obtienen de la comida. El pez vela macho se sujeta a la hembra, que es mucho más grande, y absorbe nutrientes de ella. Si los humanos fuéramos parásitos como éstos, imagina qué molesto sería si entraras en las tiendas y te bombardeara una horda de hombrecitos tratando de tomar tus nutrientes.

ASCO
4
PUNTOS

... pudieras comer piedras?

¿Crees que tienes un estómago fuerte? Tal vez puedas engullir una salsa muy picante sin sudar ni una gota, pero ¿son tan fuertes tus intestinos como para aguantar una dieta de piedras?

Piedras rodantes

Los avestruces tienen la solución perfecta ante la indigestión. Simplemente se tragan un puño de tierra y piedras, las cuales se asientan en su estómago y ayudan a moler las plantas duras que ingieren. Esto puede ser útil cuando quieras arrasar con la carne asada, pero quizá te romperías unos cuantos dientes al tratar de masticar las piedras después.

... tus vísceras estuvieran expuestas?

Generalmente, las vísceras están acomodadas dentro del cuerpo humano, pero ¿qué tal si se exhibieran ante el mundo? ¡Guácala!

Tráquea trucada

¿Alguna vez has mordido más de lo que puedes masticar? Si fueras como algunas serpientes, podrías sacar la tráquea por la boca para hacer espacio para tragar cosas muy grandes. A algunas serpientes les gusta devorar un venado entero, pero quizá tú prefieras una deliciosa hamburguesa.

X-tra especial

El pez tetra rayos X tiene cuerpo transparente, así que puedes ver todo su funcionamiento interno. Si fueras transparente, todo mundo podría ver lo que comiste en el desayuno.

ASCO
4
PUNTOS

... te comieras 850 salchichas de una sola vez?

Si te gusta comer hasta la inconsciencia, quizá te gustaría tener un estómago enorme, como el de la ballena azul. Nunca te sentirías lleno.

Carnoso menú

Un león puede atragantarse 34 kilos de comida de una sola vez. Esto es lo que estaría en el menú si pudieras con tanta carne:

- 850 salchichas o costillas BBQ

- 220 filetes o chuletas

- 24 pollos rostizados

- 1 500 albóndigas

¿Satisfecho?

¿Alguna vez te han dicho tus padres que no comas tan rápido? Debería darles gusto que no tienen como hijo a un panda gigante, que hace lo opuesto. Un panda gigante pasa 15 horas al día sólo mascando bambú.

Rutina marina

La ballena azul se alimenta casi exclusivamente de un animal marino parecido al camarón, llamado krill, y puede comer unos 40 millones de ellos cada día. Si tuvieras que comer sólo una cosa (y en tan gran cantidad), tu cerebro se aburriría con la sola idea.

ASCO
2
PUNTOS

... pudieras derribar a una leona?

Ojalá nunca hayas comido nada más grande que lo que cabe en el plato. Pero ¿qué tal si pudieras devorar algo del doble de tu tamaño y seguir teniendo hambre al día siguiente?

Leona de lunch

El armiño generalmente atrapa y come conejos el doble de grandes que él. Quizá los conejos no son particularmente feroces, pero en términos de tamaño es casi como un hombre adulto masticando una leona. ¿Serías lo suficientemente valiente para intentarlo, o se lo dejarías a tu papá?

MIEDO 5 PUNTOS

Tremendo tragón

Si fueras un pez engullidor negro podrías comer más de 10 veces tu peso completo. Tu estómago podría expandirse para acomodarlo, pero quizá no entrarías en tus pantalones.

Muy visceral

El mixino muerde hasta entrar en un pez más grande, entonces se lo come desde adentro. Si fueras un mixino, en vez de un rico filete directo en tu plato, tendrías que comerte la vaca para llegar a él.

… te comieras un plato de medusas?

Desde medusas venenosas hasta volantes de autos, los animales se conocen por comer cosas misteriosas. ¿Tendrías apetito para alguno de estos bocadillos?

Estómago de medusa

Las tortugas marinas comen medusas felizmente, con todo y sus tentáculos punzantes. Por lo general, este loco comportamiento sería mortal para un humano, pero si tuvieras el estómago tan fuerte como una tortuga marina, podrías agregar un poco de salsa y una generosa cantidad de albóndigas a tu dieta de medusas. Podría verse parecido a un gran plato de espagueti.

ASCO
4
PUNTOS

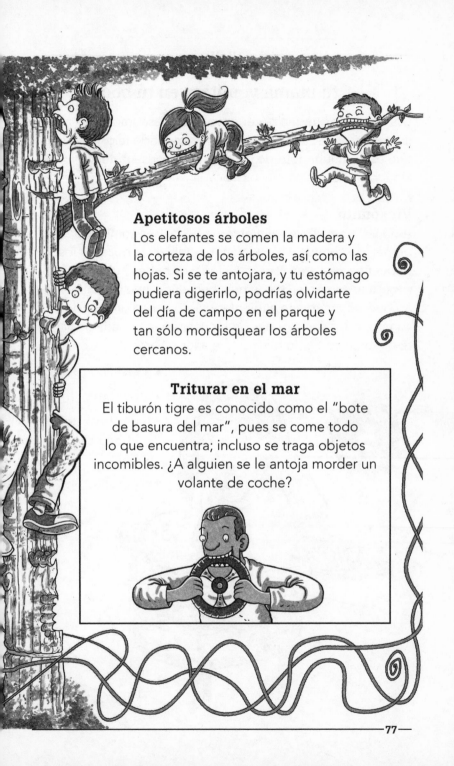

Apetitosos árboles

Los elefantes se comen la madera y la corteza de los árboles, así como las hojas. Si se te antojara, y tu estómago pudiera digerirlo, podrías olvidarte del día de campo en el parque y tan sólo mordisquear los árboles cercanos.

Triturar en el mar

El tiburón tigre es conocido como el "bote de basura del mar", pues se come todo lo que encuentra; incluso se traga objetos incomibles. ¿A alguien se le antoja morder un volante de coche?

... tu mamá vomitara en tu boca?

Los animales pueden hacer cosas muy desagradables, pero comer cosas asquerosas puede ir demasiado lejos. Tendrías que estar muriéndote de hambre para consentirte con algunos de estos vomitivos bocadillos.

Vil vómito

Algunas mamás aves alimentan a sus bebés comiendo primero la comida y luego vomitándola en la boca de los pequeños. Se llama regurgitación. Los bebés humanos necesitan alimentarse con más frecuencia que los animales, así que si tu mamá te alimentara tanto habría un mar de vómito; éstas son algunas de las cosas que te haría tragar si te diera de comer lo mismo que a los pájaros:

- semillas y bayas
- pescado crudo
- una bola de insectos llamada bolo
- gusanos

ASCO 5 PUNTOS

Cena elegante…
en el baño

Las urracas usualmente hurgan entre pilas de popó animal, en busca de comida sin digerir. Si hicieras lo mismo, tendrías que comer siempre en el baño, y quizá te enfermarías gravemente con todas las asquerosas bacterias.

Muy sesudo

En una cueva remota en Hungría, los científicos descubrieron a un grupo de pequeños pájaros llamados carboneros; tenían tanta hambre que entraron en un nido de murciélagos y sacaron sus cerebros a picotazos. ¿Qué tal si, como bocadillo de medianoche, visitaras la casa de tu amigo para tomar su cerebro? Probablemente nunca te volverían a invitar.

... alguien bebiera tu sudor?

Nada mejor que una bebida fría en un día caluroso;
a menos, claro, que la bebida resulte ser sudor
humano...

Cálido y aromático

Las abejas melíferas viven en países cálidos
y aterrizan sobre las caras de la gente para
beber su sudor. ¿Qué tal si cada vez que te
acaloraras y sudaras tuvieras que defenderte
de otras personas que se encuentran
revoloteando para darte una rica lamida?
La clase de deportes sería una pesadilla.

ASCO
5
PUNTOS

... alguien se comiera tu piel?

La mayoría de los humanos no lo piensa dos veces para comer animales. Muchos animales, como los mosquitos, sienten lo mismo en cuanto a morder humanos desprevenidos.

Polvo eres...
Imagina acurrucarte en la cama una noche y de repente descubrir a tu hermanito bajo las cobijas, mordisqueando las escamas de tu piel muerta. Eso es lo que hacen los ácaros del polvo. Sería difícil dormir después de este desagradable descubrimiento.

Cuchi-cuchi. ¡Fuchi!
Imagina si los bebés humanos tuvieran la mordida aplasta- huesos de una tortuga mordedora. Estas criaturas tienen mandíbulas tan poderosas que no dudarían en arrancarte un dedo.

... tomaras unos cien litros de agua?

Puede que pienses que beber no es mucho más que tomar un vaso de tu jugo o bebida preferidos. Sin embargo, para los animales, el arte de beber puede ser mucho más creativo.

Sed de camello

Beber es un trabajo muy sediento, especialmente si eres camello y puedes tomar alrededor de 100 litros de agua de una vez, y luego no tienes que beber nada por una semana. Si tuvieras esta habilidad, serías un maravilloso héroe que rescatara viajeros perdidos.

No hagas olas

Beber como elefante sería muy divertido. Jalan agua con sus trompas y luego la lanzan en chorro hacia sus bocas. ¡Pelea de manguerazos!

Bébete estos datos

¿Crees que todos los animales toman agua simple?
Piensa otra vez…

- Las aves marinas toman agua de mar, pero se deshacen del exceso de sal a través de sus orificios nasales.

- Algunas mariposas beben jugos de desechos animales.

- Cuando no hay nada de beber, algunas lagartijas reabsorben agua de la orina en sus vejigas.

- La musaraña malaya bebe néctar alcohólico; el equivalente a nueve vasos de cerveza fuerte al día.

... lucharas con tu comida?

A algunas personas les gusta comer carne casi cruda. ¿Pero tan cruda que aún muja? Si la gente comiera su comida cuando aún está viva, como hacen algunos animales, el mundo sería un lugar mucho más salvaje.

Qué mal rollo

Los cocodrilos arrancan pedazos de los animales cuando aún están vivos; los muerden y luego ruedan y se sacuden violentamente. A eso se le llama rodada de la muerte. Es parecido a la lucha, con un giro violento. Si tuvieras que pasar por todo esto con una vaca cada vez que quisieras una hamburguesa, probablemente te volverías vegetariano.

ÚTIL
1
PUNTO

Comida parlante

Las culebras de collar se tragan ranas enteras, y a veces se puede oír a estas ranas chillar durante varios minutos después de haber sido comidas. Si esto te pasara, sería mucho más vergonzoso que tu estómago crujiendo ruidosamente.

AQUÍ ESTÁ MUY OSCURO.

A corretear la chuleta

Las orcas (también conocidas como ballenas asesinas) le dan mordidas a su presa mientras la persiguen. Si sientes que de verdad debes perseguir tu comida de este modo, recuerda esta información:

- Cuando persigas ovejas, lleva hilo dental para quitarte la lana de los dientes.

- Si vas a perseguir cerdos, usa botas de plástico; es probable que tengas que moverte por áreas lodosas.

- Si persigues pájaros y no tienes alas, ¡buena suerte!

... tuvieras que bailar para poder comer?

Si tuvieras que cazar tu propia comida, tal vez tendrías que cometer locuras innumerables; algunas más raras que otras...

¿Bailamos?

¿Y si bailar no fuera sólo algo divertido, sino esencial para tu supervivencia? Se dice que las comadrejas representan un "baile" hipnótico para confundir a su presa antes de atacar. Imagina si tus padres te hicieran bailar todos los días para que pudieras comer. ¡Horror!

El asesino de la red

Hay un tipo de chinche asesina que hace sonar la telaraña hasta que la araña llega a investigar; entonces se la come. Sería muy agotador si tuvieras que hacer esto a diario. No sólo tendrías que esperar tu comida, también tendrías que aprender a tocar la telaraña como un arpa.

Apunta y escupe

El pez arquero tira moscas al agua al escupirles. Tus papás probablemente te han dicho que no escupas en público, pero no te lo impedirían si fuera la única forma de atrapar una buena comida.

... pudieras expulsar tu estómago?

Puede que no te guste cocinar, pero quizá deberías agradecer que preparar tu próxima comida no involucre ninguna de las siguientes prácticas asquerosas.

Duro de tragar

Cuando una estrella de mar encuentra un molusco que quiere comerse, expulsa su estómago y lo lanza directo sobre su víctima. Si tuvieras este espectacular talento, probablemente no sería buena idea mostrarlo en una cena elegante; es peor que sorber la sopa...

ASCO
4
PUNTOS

¡Cuidado!

Una manera astuta de cazar tu comida sería imitar al buitre barbudo; lanza rocas sobre las tortugas desde una gran altura. Imagina a tus pobres víctimas: un minuto están en sus asuntos y al siguiente les cae una piedra en la cabeza.

Vistoso y viscoso

El gusano de terciopelo le lanza baba a su presa. Ésta sería una forma de asegurarte la última porción de comida; a nadie se le antojan los bocadillos viscosos.

... tu mamá se comiera la cabeza de tu papá?

Todos discutimos algunas veces: papás y mamás; hermanos y hermanas. Pero en el salvaje mundo animal, algunos machos de verdad tienen que cuidar sus pasos o las cosas pueden ponerse letales.

No pierdas la cabeza

¿No es asqueroso cuando papá y mamá se besan o se toman de las manos? Considérate afortunado si tu mamá no tiene los hábitos de un tipo de insecto llamado mantis religiosa. Después del romance, la hembra a veces arranca la cabeza de su compañero. Sólo agradece que tu papá aún conserve su cabeza; algunas mantis religiosas bebés no pueden decir lo mismo sobre los suyos.

MIEDO
5
PUNTOS

Bien atados

Una araña esfinge macho atará con su seda a una hembra para evitar que ésta se lo coma. ¿Qué tal si tu papá tuviera que hacer eso cada vez que saliera con tu mamá?

¡Baila por tu vida!

La araña lobo macho baila danzas especiales que evitan (a veces) que la hembra se lo coma. ¿Y si tu papá tuviera que bailar para asegurarse de vivir un día más? Sería entretenido para ti, pero a tu pobre padre no le parecería muy divertido.

... te comieras la piel de tu mamá?

Idealmente, consideras a tu mamá algo más que una fuente de comida deliciosa. La maternidad no sería muy divertida si a los niños les gustara morder los cuerpos de sus madres a la menor oportunidad.

Cena cutánea

Puede que tu mamá te permita toda clase de cosas desagradables, pero ¿qué diría si decidieras darle un mordisco a su piel? Los bebés cecilias, que parecen gusanos pero en realidad están relacionados con las ranas, sobreviven sus primeros días de vida comiendo la piel de sus madres. Éstas incluso desarrollan una capa de piel extragruesa para este fin. Quizá tu mamá no te agradecería que estuvieras mordiéndole un brazo mientras intenta leer el periódico.

Nace un caníbal

En algunas especies de arañas, lo primero que los bebés hacen al salir es comerse a sus madres. ¡Linda manera de agradecerle a tu pobre madre!

Bebés monstruosos

Los cecidómidos hembra (un tipo de insecto volador) son quizá las madres más desafortunadas. Sus asquerosos bebés están tan impacientes por nacer que salen al comérsela. Imagínate…

... tu mamá tuviera un millón de bebés?

Puede que tu mamá te exprese lo especial que eres diciendo que eres uno en un millón, pero ¿y si en realidad tuvieras un millón de hermanos?

Cuánta parentela

No hay duda de que los hermanos pueden ser extremadamente molestos. Con suerte, tienes sólo uno o dos, pero si fueras sierra del pacífico tu mamá podría dar a luz de 300 000 a 1 500 000 peces bebés; todos al mismo tiempo. Para tus pobres padres eso sería cambiar demasiados pañales y trapear mucha baba.

Todos a bordo

Las hembras preñadas del sapo de Surinam cargan a sus bebés en la piel de sus espaldas. Si una mujer tuviera que cargar así a los suyos, tendría que jorobarse para caminar mientras los bultos crecen más y más. Lo bueno de esto es que, una vez que ya crecieron, los bebés sólo salen de la piel. ¡Fácil!

Nacen las rarezas

- Las codornices crecen rápido. Estas aves pueden tener bebés desde las seis semanas de edad.

- Los pulgones no necesitan aparearse para tener bebés, y usualmente ya están embarazados al nacer.

- El tenrec común (una pequeña criatura peluda de Madagascar) puede tener 30 bebés en una camada y cuidarlos con éxito.

... te hubiera criado un león?

Cuando los adultos quieren adoptar un bebé, buscan uno humano. A algunos animales no parece importarles la especie.

Familia feroz

¿Alguna vez has deseado que mamá y papá fueran más interesantes? En Kenia, una leona "adoptó" y cuidó varias veces a bebés antílopes, que normalmente serían el almuerzo de un león. Si te hubieran criado los leones, tendrías una vida muy diferente:

- Dormirías en un matorral o una madriguera.

- Te agarrarían del pescuezo para cargarte.

- Correrías el riesgo de ser atacado por un leopardo o una hiena.

- Podrías tener hasta cuatro feroces hermanos para jugar.

Roba chicos

Si una hembra de pingüino emperador pierde a su bebé, podría intentar adoptar el de su vecina. Afortunadamente, los humanos no hacen esto, o tu mamá podría intentar adoptar al vecino si alguna vez regresaras tarde de la escuela.

Llama a la niñera

Las abejas cucús hacen que las abejas de otros nidos cuiden a sus bebés. Ten cuidado: si no te comportas, tu mamá podría tener la tentación de dejarte con tus hermanos afuera de la casa de un extraño.

... fueras niño para siempre?

Así como Peter Pan, ¿no sería increíble si nunca tuvieras que crecer? Pero piénsalo bien, sería muy frustrante que nadie te tomara en serio.

Juego de niños

Los gatos domésticos pueden actuar como bebés toda su vida. Esto se debería a que en la vida salvaje sus padres los habrían alentado para vivir por su cuenta, pero los "padres" humanos no hacen esto. Si pudieras actuar como niño tu vida entera, podrías jugar todo el día en el parque y desayunar helado sin tener que preocuparte nunca por conseguir trabajo.

ÚTIL
5
PUNTOS

Por siempre joven

Cuando es bebé, la salamandra (un tipo de anfibio) tiene agallas, que son órganos que les permiten a ciertas criaturas respirar bajo el agua. La mayoría de las salamandras las pierde en la edad adulta, pero el ajolote tiene agallas de bebé toda su vida. Imagina verte siempre como bebé y tener que convencer a todos de que en realidad eres un adulto.

¡Estás igualito!

El fulmar (un tipo de ave marina) luce justo igual a la edad de un año que a la de 50. ¡Qué aburrido sería si no parecieras envejecer ni un día!

... tu cama estuviera hecha de calzones?

¿De qué estaría hecha la cama de tus sueños? ¿Plumas suaves? ¿Una nube esponjosa? Considérate afortunado de no tener que dormir en basura pútrida o ropa interior vieja.

¿Y mi calzón?

Los milanos son aves de rapiña a las que les gusta recolectar cosas para decorar sus nidos; algunos han robado ropa interior para darles más colorido. Si coleccionaras calzones para decorar tu cuarto, tal vez tu mamá no se emocionaría si abriera la puerta y encontrara una montaña de ropa interior en donde estaba tu cama. Probablemente se harte de levantar tu ropa, sin mencionar la que recolectaste de otras personas.

Escupir y a dormir

La golondrina es un pequeño pájaro que hace un nido comestible con su propia baba. La baba se seca para crear una costra sólida. ¿Se te antojaría dormir en una cama de babas de tus padres?

Lecho de desechos

¿Qué tal si hubieras nacido en una pila de basura podrida? El faisán australiano (un ave parecida al pollo) entierra sus huevos en una gran pila de vegetación putrefacta. El proceso de descomposición aporta el calor que ayuda a incubar los huevecillos. Si hubieras nacido en un bote de basura, seguramente habrías estado cómodo pero, en definitiva, muy apestoso.

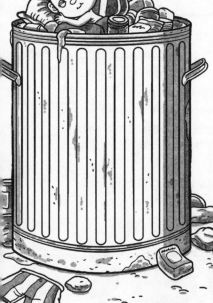

ASCO
3
PUNTOS

... tu papá intentara comerte?

¿Qué prefiere tu papá? ¿Un jugoso filete o una deliciosa pizza? ¿Qué tal si su comida favorita fueras TÚ?

Bárbaro padre

Si hicieras enojar a tu papá, lo peor que haría sería ordenarte ir a tu cuarto. Agradece a los astros que no eres un robalo. El macho a veces vigila atentamente a sus bebés por unos días; luego, de repente, empieza a comérselos.

MIEDO 5 PUNTOS

El primer desayuno del bebé

El pez dorado se come sus propios huevecillos. Si corrieras peligro de ser comido desde que llegas al mundo, realmente tendrías que confiar en que en el hospital te salvarán de tu madre hambrienta.

Señales de que tu mamá es un panda

Si conoces a algunos gemelos, probablemente se quejen si sus padres los visten iguales. Pero si hubieran sido criados por una panda gigante, ella escogería a su favorito y dejaría al otro morir de hambre. Si tienes un gemelo, pon atención a las siguientes señales:

- Tu mamá empieza a compararlos en peso y talla. Una panda mide a sus gemelos y selecciona al más fuerte para vivir.

- Te despiertas y tu mamá ya bañó, peinó y alimentó a tu gemelo, y para ti sólo queda un pedazo de pan reseco.

- Tu casa está llena de fotos de un lindo bebé, pero no eres tú.

- Tu mamá parece olvidar tu cumpleaños, aunque sea el mismo día que el de tu gemelo.

- Tu gemelo empieza a hacer más amigos que tú, porque andas sucio y hueles mal.

... tus padres te abandonaran?

Si hay gente maravillosa que te cuida y te dice lo especial que eres, realmente deberías sentirte afortunado. Algunas criaturas en el reino animal tienen suerte si hay alguien que se ocupe de ellas.

¿Estás ahí, mamá?

Si salieras de un huevo en una playa desierta y tu mamá no estuviera a la vista, ¿crees que podrías encontrar el camino a casa? Las tortugas entierran sus huevos en la arena y luego los dejan ahí en incubación. Cuando los bebés salen y se arrastran por la arena, las mamás ya se han ido. Si alguna vez te encuentras en este predicamento, ojalá que tengas muchos hermanos para ayudarte.

¡Nos vemos!

Hay golondrinas que viajan a África en invierno. Si aún tienen bebés en sus nidos cuando llega el momento de migrar, simplemente los dejan. ¿Qué tal si tus padres se fueran de vacaciones sin ti? Tendrías toda la casa para ti, podrías comer todas las golosinas que quisieras y ver en la tele lo que te gusta. ¡Maravilloso!

Gracias, mamá

La mayoría de las aves cuida a sus crías al menos un par de semanas, pero los polluelos de megápodo tienen que luchar solos desde el primer día. Imagínate si tuvieras que lavar tu ropa y cocinar desde bebé.

ÚTIL
0
PUNTOS

... tus padres te barnizaran con veneno?

No es un secreto: los padres pueden avergonzarnos mucho. Si no te están besuqueando en público, te dicen apodos frente a tus amigos. ¿Podría ser peor? Sí.

Lengua letal

El loris perezoso (un pequeño mamífero) tiene una glándula en el brazo que exuda veneno; lame este veneno y cubre a sus crías con él para evitar que los depredadores se las coman. Si tu mamá te hiciera esto, quizá no te morderían, pero tampoco ayudaría a que tuvieras amigos.

Sigue al líder

Las familias de musarañas viajan en
caravana, donde cada bebé
se agarra con los dientes del
que tiene enfrente. ¿Te gustaría
que tus hermanos tuvieran que
agarrarse de tu ropa adondequiera
que fueras?

La cena está servida

Las chitas llevan presas vivas a sus crías para que aprendan
a cazar y matar. Si tu mamá pusiera un borrego en la mesa,
tendrías que aprender algunas tácticas de la chita
o quedarte con hambre.

... todos te consintieran?

Los padres sobreprotectores pueden ser molestos, pero sólo se comportan así porque te quieren. Trata de relajarte, disfruta la atención y agradece que no lleguen tan lejos como algunos animales.

El consentido

¿Te gustaría regresar de la escuela y que tu mamá, papá y hermanos estuvieran esperándote para complacer todos tus caprichos? Éste es el tratamiento de celebridad que reciben los polluelos de gallineta. Sus padres los alimentan y cuidan con amor, al igual que sus hermanos mayores.

ÚTIL
5
PUNTOS

Lactosa extra

El murciélago de la fruta de Dayak macho es el único mamífero que tiene pechos productores de leche, así que tanto los papás como las mamás alimentan a los pequeños. Imagina a tu papá con un par de senos…

Nunca dejes el nido

El bebé albatros permanece en el nido cerca de un año, recibiendo comida de sus padres. Puede que no parezca mucho tiempo, pero los polluelos generalmente dejan el nido mucho antes. Sólo intenta imaginar a un adulto al que sigan cuidando como bebé.

... tu colonia compartiera un mismo baño?

Los humanos parecen disfrutar vivir juntos; es agradable tener compañía. Pero ¿qué tal si tuvieras que compartir un solo baño con mucha gente, o que ni siquiera tuvieras tu propia cama? ¡Qué pesadilla!

Ama a tu prójimo

Tener una familia grande significa discutir sobre quién usa primero el baño en la mañana. Si esto te irrita, agradece a los astros que no eres un mapache. Estas criaturas peludas comparten el baño con todos sus vecinos. Si tuvieras que hacer lo mismo, no sólo tendrías que esperar horas para usarlo, el olor sería insoportable.

ASCO
4
PUNTOS

Sueño aplastante

En las frías noches de invierno, los zorzales se apretujan en el mismo hueco del nido. Se han visto hasta 34 de ellos entrar juntos a un nido. ¿Te gustaría compartir la cama con 34 personas?

Ni uno más...

Los araos son pájaros que anidan en enormes colonias, uniéndose firmemente a las rendijas del acantilado. Si hay espacio para sentarse, hay espacio para tener una familia. ¿Y si todas las casas en tu calle tuvieran enjambres de niños en cada ventana?

... los *geeks* tuvieran toda la atención?

Todos queremos ser populares, sobre todo en la escuela.
Algunos animales también disfrutan la popularidad.

Geek & chic

Nunca deberías ocultar tu increíble inteligencia para encajar
en la escuela. En los grupos de chimpancés, el dominante
no siempre es el más grande y rudo, sino el más astuto y
hábil para tener a los demás de su lado (sobre todo a las
hembras).

INGENIO **5** PUNTOS

Popular y mimado

Si eres popular en la escuela tal vez te inviten a muchas fiestas, o tengas un montón de gente tratando de hablar contigo. Pero si tú y tus amigos vivieran como los suricatos, también podrías ser acariciado y acicalado al llegar a la escuela por las mañanas.

Siéntate bien

Los gusanos de seda dominantes se sientan sobre los miembros de más bajo rango en el grupo. Agradece que el trato entre humanos no sea así, o algunos niños correrían peligro de pasar el recreo como asientos.

... construyeras una torre de popó?

Probablemente quisieras que tu cuarto fuera una burbuja de felicidad, lejos de los ojos de águila de tus padres y de los metiches de tus hermanos. ¿Cuál es la mejor manera de proteger tu refugio?

Valeroso vigía

El topi (un tipo de antílope) apila una gran cantidad de popó para marcar su territorio. Entonces se coloca en la cima para dominar la vista. Si hicieras esto, no sólo sabrías quién se coló en tu cuarto, el horrible olor ahuyentaría a cualquier visita indeseable.

ASCO
5
PUNTOS

Cuerpo de seguridad

Los machos de mariposa C-blanca pasan todo el día sobrevolando su territorio, atacando todo lo que vuela a su paso, incluidos otros insectos y hasta aves. Quizá necesitarías todo un ejército para proteger tu cuarto o toda la casa.

¿Para qué darse la mano?

Cuando tu gato se frota amorosamente contra tu pierna, está marcándote como parte de su territorio con sus glándulas odoríferas faciales. ¿Qué tal si así te saludaran tus amigos en la escuela?

... pudieras dar cabezazos a tus rivales?

La violencia nunca es la respuesta, pero trata de decírselo a algunas de las bestias más brutas del mundo animal, donde la rivalidad puede ponerse fea.

Fuerte como buey

El buey almizclero macho lucha contra sus rivales con cabezazos furiosos. Ésta es una pésima idea, a menos que tengas unos enormes cuernos protectores como los del buey almizclero. Si no es así, mejor quédate con la lucha de pulgares para arreglar tus diferencias.

Patada inaugural

A veces la focha común macho (ave acuática) pelea a patadas por una hembra. Si hicieras esto, tendrías la capacidad de volar para alzarte y lanzar una patada superfuerte.

¡Qué oso!

Para cuando los osos polares terminan sus dos semanas de apareamiento, los machos están cubiertos de sangre tras pelearse entre ellos. Puede ser un look atractivo para un oso polar, pero no se recomienda para impresionar a los humanos.

MIEDO
5
PUNTOS

... las niñas escogieran primero la comida?

A los niños no les gusta aceptarlo, pero a veces las niñas los manejan. Existe un comportamiento animal que lleva este paso demasiado lejos.

Primero las damas

En un aburrido día de escuela, es un alivio cuando llega la hora del almuerzo, puedes comer mucho y estar con tus amigos. Pero sólo imagina si las niñas llegaran a comer primero. Las hienas manchadas hembra comen de todo lo que disfruta la manada. Para los chicos podría quedar sólo la ensalada marchita. No sería justo, ¿verdad? A menos, claro, que seas niña.

A sus pies

Si eres muy bajito, puede ser difícil que te vean. Los gusanos equiuros hembra pueden ser hasta 120 veces más grandes que los machos. Esto sería el equivalente a que una mujer creciera cerca de 21 000 centímetros más que un hombre promedio. Eso es el doble de la altura de la Estatua de la Libertad. Sería aterrador ser hombre. Tendrías que ser muy cuidadoso con los pies de una mujer; podría aplastarte por accidente.

ÚTIL
1
PUNTO

... las chicas hicieran todo el trabajo?

A veces las hembras del mundo animal no tienen otra opción que tomar el mando porque los machos de su especie son unos inútiles.

ÚTIL 1 PUNTO

Reinas perezosas

Las colonias de hormigas están regidas por una reina que es más grande que todas las trabajadoras, las cuales son hembras en su totalidad. Las trabajadoras cuidan a la reina y a sus bebés. Es como si tu mamá tuviera la ayuda de cientos de sus amigas para hacer todo por ella. Los únicos hombres en una colonia de hormigas se llaman zánganos; éstos no hacen nada, así que en realidad no serían de ninguna ayuda.

Bríncale

A veces los sapos hembra tienen que llevar a sus flojos compañeros sobre la espalda hasta el estanque. Si los hombres fueran así al trabajo, las calles estarían llenas de mujeres molestas en vez de autos.

Más mandilones

A un lado, muchachos. Déjenlas tomar el control.

- Las manadas de elefantes son conducidas por la hembra dominante; ninguno de los miembros quiere llevarle la contra.

- Las hembras de aves de rapiña pueden pesar el doble que los machos; eso es algo para gritar.

- Los peces payaso viven en grupos de machos, liderados por una hembra dominante. ¿El macho se queda a cargo si la hembra muere? Seguro, pero primero tiene que convertirse en hembra.

... estuvieras vestido de plumas?

Algunos animales machos tienen que lucir especiales si desean impresionar a las damas. Pero su idea de especial puede ser un poco distinta de la tuya.

Tips de un pavorreal

¿Quieres verte tan fabuloso como un pavorreal? He aquí cómo:

1. Déjate crecer un destellante plumaje azul y verde; complementa con una cola espectacularmente larga.

2. Cuando necesites deslumbrar más, exhibe tu cola como un enorme abanico ondeante.

3. Completa el *look* con una linda cresta en la cabeza.

Cantante de concurso

La hembra del carricero tordal sólo elige compañeros que puedan interpretar melodías muy complicadas. Pasan varios días escuchando a diferentes machos antes de escoger al afortunado ganador. Ya de por sí es bastante difícil impresionar a alguien, como para pasar por un concurso de talento también.

Damisela en apuros

El gallo de pelea español puede engañar a otros machos al verse como hembra. De este modo puede acercarse a las hembras reales sin que los otros machos se lo coman. Muy astuto, si no te molesta vestirte de mujer.

... propusieras matrimonio con una piedra?

Desde piedras de regalo hasta baños de popó, los animales pueden ser muy detallistas. ¿Por qué no tomar nota de estos tips?

Dilo con piedras

El mejor regalo que un pingüino Adelia macho puede hacerle a su pareja es una piedrita para su nido. Así que olvídate del anillo de brillantes. Así es como se declara un pingüino:

1. Hay que encontrar la piedra más hermosa; no debe ser muy grande ni tener bordes afilados.

2. La piedrita se pulirá en casa; después se elegirá el mejor momento y lugar para sorprender a esa persona especial.

3. Hay que arrodillarse y mostrar la piedra en un gesto romántico.

4. Tan pronto como ese alguien especial vea lo brillante y hermosa que es la piedra, estará en las nubes.

INGENIO 1 PUNTO

Vengan esos cinco

La tortuga macho con frecuencia muerde los pies de la hembra para mostrarle que le agrada. Si los hombres actuaran de esta manera, ¡las mujeres jamás podrían volver a usar sandalias!

Propulsión a chorro

A los hipopótamos macho les gusta bañar a las hembras con una mezcla de pipí y popó, girando sus colas como propulsores para rociarlas bien. Esto puede ser conmovedor, pero si tú lo hicieras, tendrías que aconsejar a tus amigos que usaran impermeables.

ASCO
5
PUNTOS

... alguien bebiera tu pipí?

Es divertido hacer nuevas amistades, pero ¿pensarías eso si tu nuevo amigo tratara de beber tu orina? ¿O si tuviera una garra gigante como mano?

Hermanos de pipí

A veces puede ser difícil darse cuenta de si alguien quiere estar contigo o no, a menos que seas una jirafa. Para saber si le gusta a la jirafa hembra, el macho prueba su orina. Si los humanos hicieran lo mismo, bastaría con un traguito para ahorrarse muchas molestias.

ASCO
3
PUNTOS

Tenazas tenaces

¿Problemas para hacer amigos? Todo lo que necesitas es una tenaza gigante. Una de las tenazas del cangrejo violinista crece mucho más que la otra. El macho ondea su monstruosa tenaza alrededor y la azota en el suelo para atraer a las hembras. Las mujeres quizá no apreciarían este tipo de atención.

Amor y abandono

Las mariposas no tienen muy buena vista, y por error podrían tratar de hacer amistad con hojas muertas. Si te encuentras abrazando una hoja accidentalmente, puede que necesites un buen par de anteojos.

¿Y si fuéramos unos animales?, de Paul Moran
se terminó de imprimir en octubre de 2015
en los talleres de
Litográfica Ingramex, S.A. de C.V.
Centeno 162-1, Col. Granjas Esmeralda, C.P. 09810 México, D.F.